& Cheval Compagnie

Un cheval de cinéma

Olivier Lhote Philippe Diemunsch

Éditions Lito

Chapitre 1

Toute l'eau du ciel s'abattait sur la Bretagne et en particulier sur l'élevage du Garrec. Mes parents vendent des chevaux. J'aide aux écuries, de mon mieux du haut de mes neuf ans. Josselin et Nolwenn, les petits jumeaux, eux, pensent surtout à s'amuser.

Les lumières du haras* perçaient difficilement la nuit. On entrait de plain-pied dans l'hiver et le vent qui soufflait par bourrasques ne manquait pas de nous le rappeler. Les chevaux, eux, étaient au sec, certains groupés dans les stalles*, d'autres seuls dans leur box.

Je me dépêchais de finir la distribution de foin. Il me tardait de rentrer au chaud, m'asseoir face à la cheminée et regarder danser les flammes. Les rations partagées, j'ai fait un détour par le box de Crack, mon cheval préféré[1]. Je n'étais pas rentré que le rusé flairait déjà les poches de mon blouson.

– Mais oui, Crack, tu as raison, j'ai quelque chose pour toi, mais patiente une seconde.

J'ai sorti quelques bouts de carottes que je lui ai tendus en flattant son encolure. On s'entendait vraiment bien, tous les deux. Crack avait grandi, sa robe, toujours grise, n'avait pas éclairci. Il ne présentait toujours pas la musculature* d'un pur-sang mais, en plusieurs mois, il avait développé une intelligence rare. Je n'avais pas besoin de parler

1. Crack est le cheval que j'ai apprivoisé dans *L'amitié au galop.*

pour me faire comprendre. Il lisait dans mes yeux, dans mes gestes et je faisais de même. Il m'en apprenait chaque jour un peu plus sur les siens. Je saisissais les chevaux mieux que n'importe qui. Je décelais leurs peurs, leurs joies, leurs pensées. Je devinais les chevaux, tout simplement. Et ce talent, je le lui devais. J'ai ramené au centre du box la paille éparpillée et j'ai souhaité une bonne nuit à mon confident :

– Voilà, ton lit est fait ! Dors bien, mon Crack, j'ai chuchoté, avant de fermer la porte.

Et puis, j'ai affronté la tempête à nouveau, le temps de traverser la cour.

À la maison, la soupe de potiron embaumait.

– Tu as fait du potage, 'man ? j'ai questionné.

– Ferme donc la porte, tu laisses entrer le froid.

– Oui, mais j'enlève mes bottes.
– C'est pas une raison, a ronchonné ma mère.

Elle était un peu tendue ces derniers temps. Je pouvais bien lui pardonner d'être grincheuse. Les sous ne rentraient pas trop, d'après ce que j'avais entendu. On ne vendait pas de chevaux. La crise dans le pays touchait tout le monde et, d'après mon père, même les riches n'avaient plus d'argent. L'ambiance à la maison ressemblait à l'hiver. Pas un hiver joyeux avec de la neige, des cadeaux et des lumières dans le sapin. Non, plutôt une saison pluvieuse, triste et sombre.

Mon père n'a pas tardé à nous rejoindre. Il a accroché sa casquette dans l'entrée, pendu son pardessus ruisselant et ôté ses bottes. Il n'a pas dit un mot. Il est juste allé s'asseoir devant le feu, à côté de moi. Sa chaussette droite était trouée et son gros orteil dépassait, comme pour se réchauffer lui aussi. On aurait dit une marmotte qui pointe son nez hors du terrier ! J'ai eu envie de rire mais je me suis pincé les lèvres. Mon père a pivoté vers moi :

– Tu as eu une réponse ?

– Non. Peut-être demain ?

– Peut-être !

Il a tourné la tête et son regard s'est perdu dans les flammes.

Chapitre 2

Le lendemain soir, je suis rentré de l'école, à vélo et sous la pluie. L'espoir me donnait des ailes et je pédalais plus vite qu'un hamster dans sa roue. J'espérais tellement trouver une lettre à mon nom sur la table. Trois semaines plus tôt, j'avais inscrit Crack dans une agence de figuration pour le cinéma. Mon père avait trouvé l'idée complètement sotte mais, puisque ça ne coûtait rien, il ne s'y était pas opposé. Avec le temps, il s'était mis à rêver, lui aussi, et m'avait dit, comme ça :

– Tu ne vois pas, que ton Crack devienne

célèbre, un jour ?
– Ce serait génial.
– Oui, ce serait fantastique. Mais il ne faut pas trop rêvasser. Dans la vie, c'est le boulot qui paye, rien d'autre. Surtout pas la chance.
– Mais 'pa, acteur, c'est un métier. Et encore plus pour un cheval !
– Oui, oui, c'est du travail. Mais, que ça ne t'empêche pas de pailler les box.
Ensuite, il n'en avait jamais reparlé. Mais depuis quelque temps, depuis que l'argent ne rentrait plus, il repensait à l'idée que la chance pouvait sourire.

Je suis arrivé en trombe dans la cour de la ferme et j'ai laissé mon vélo finir sa course, seul, jusque sous la grange. Ensuite, j'ai couru vers la maison. Ma mère, derrière les car-

reaux de la cuisine, me regardait, sourire aux lèvres. J'ai compris que le facteur avait déposé une lettre.
– Salut 'man ! Oui, oui, je sais, je ferme la porte. C'est une réponse de l'agence ? Papa est au courant ? Tu l'as ouverte ?
– Ne me pose pas tant de questions à la fois. Je crois que ça vient de la télé ou du cinéma. Je ne peux rien te dire de plus.

Je me suis attablé pour le goûter. Un verre de lait, du pain et du caramel maison. J'étais fin prêt. L'enveloppe me faisait face. Je l'ai prise entre mes mains, je l'ai observée, tournée dans tous les sens. J'aime les dernières secondes qui précèdent l'ouverture d'un paquet surprise. Je les savoure, je les laisse fondre comme du chocolat. Cette réponse

de l'agence, c'était comme un cadeau de Noël. Je l'ai décachetée lentement et j'ai sorti la lettre avec douceur. Ensuite, je l'ai bue, je l'ai lue, mot à mot. Et je n'ai pas résisté à l'envie de crier ma joie :
– Hourra ! Maman, papa, Crack est retenu ! On lui propose de faire des essais. Hourra !
– Laisse-moi voir ça.
Ma mère m'a arraché la lettre des mains et elle est sortie en courant sous la pluie. Elle appelait mon père et s'exclamait que la chance nous souriait enfin.

De retour dans la cuisine, ma mère s'est empressée de concocter un repas de fête. Nolwenn est descendue pour aider et goûter à toutes les préparations.
– Viens par ici, m'a dit mon père en sortant une bouteille de cidre. Raconte un peu ce qu'ils proposent.
On s'est assis dans le salon.
– Ils veulent voir Crack, j'ai expliqué. Ils me disent qu'un cheval s'est blessé sur un

tournage. Si notre Crack est en mesure de prendre différentes postures* sur commande, ils sont intéressés. Mais toi et moi, on sait que mon champion peut tout faire, n'est-ce pas ?

– Est-ce qu'ils parlent d'argent ?

– S'il est retenu, il touchera, pour la durée du film, cinquante mille euros.

– Quoi ? Mais c'est une fortune. Es-tu certain d'avoir bien regardé ? Montre-moi.

– Tiens, regarde. Je suis sûr de moi.

Mon père a lu à voix basse et s'est redressé dans sa chaise. Il a marmonné dans sa barbe naissante :

– La chance existe vraiment alors…

Chapitre 3

Le week-end suivant, mon père, Crack et moi sommes allés sur le lieu du tournage, en Vendée. On y réalisait un film sur Napoléon. Il y avait des faux soldats partout, des tentes et des drapeaux. C'était drôle de voyager dans le temps. Le réalisateur nous a reçus : un grand bonhomme vêtu, comme un artiste peintre, d'un immense manteau de couleur et d'une écharpe bariolée. On ne voyait que lui. Et je crois que c'est ce qu'il désirait. Mon père lui a tendu la main.

– C'est vous, le cheval ? a demandé l'homme.

– Non, Crack est dans le van, a répondu mon père très sérieusement.
– Ah, ah, ah ! Elle est bien bonne ! C'est une façon de parler, cher monsieur. Bien, soyons clairs. Les chevaux, je m'en moque éperdument. Ce qui m'importe, c'est la portée dramatique de la séquence, la profondeur du jeu, vous comprenez ?
– Non.
– Pff. Votre canasson peut-il s'asseoir, se coucher, se…

Là, je suis intervenu :
– Il sait TOUT faire, m'sieur !
– Parfait. Préparez votre bidet pour une démonstration. Je reviens.
Le metteur en scène nous a laissés sur place et je me suis tourné vers mon père.
– Je ne l'aime pas beaucoup.
– Gwen, il faut savoir se taire quelquefois. Il y a beaucoup d'argent à gagner et nous en avons besoin, tu le devines.
– Oui.

Les essais ont été concluants. Crack s'est révélé un grand acteur. Je le dirigeais à distance, sans parler. Les figurants étaient ébahis et je dois reconnaître que j'étais fier.

Le réalisateur est revenu vers nous en courant :
– Magnifique ! Extraordinaire ! Fabuleux ! Dans mes bras, gamin chéri, que je t'embrasse ! Tu sauves mon film. Je n'aime ni les enfants, ni les chevaux, mais je fais une exception. Tu es fantastique. Je vais te présenter notre dresseur* d'étalons, Victor. C'est lui qui s'occupera de Crok.
– Il s'appelle Crack, m'sieur.

– Il s'en occupera quand même. Tu peux partir maintenant. Les enfants, on reprend le tournage. En piste ! Tu es encore là, petit ? Allez file chez toi.

– Excusez-moi, a coupé mon père, mais pour le contrat ?

– On signera plus tard. On tourne !

Il a bien fallu se rendre à l'évidence : je devais abandonner Crack pour quelque temps. Je n'ai eu que deux minutes pour lui dire au revoir. Mais il y avait l'école et l'élevage. Mon père ne pouvait pas me laisser seul ici.

– Je vais revenir très vite, mon Crack, j'ai chuchoté à son oreille.

Il a baissé la tête et frotté, comme à son habitude, son front sur mon blouson.

– Allez, laisse-le maintenant.

Mon père venait de me prendre par la main et me conduisait vers notre voiture. Sur le chemin du retour, nous sommes restés muets.

MEGA PROD

Chapitre 4

Les jours passaient. De temps à autre, mon père téléphonait à la société de production. Personne ne voulait lui parler ou le renseigner sur le contrat. Je lui demandais de les questionner sur Crack mais, là encore, pas de réponse. Ma mère avait beau nous préparer des plats alléchants, nous perdions du poids et les soucis nous creusaient les joues. Et un jour, elle est sortie de ses gonds :

– Vous comptez mourir de faim ou bien vous allez voir ce qui se passe là-bas ?

– Vous allez mourir ? a demandé Nolwenn.

– Non, c'est une image.
– Ah ! C'est moche, comme image.
– Tais-toi Nolwenn, a murmuré mon père. Puis il a repris, plus fort. Tu as raison ma chérie, nous partons demain.

Le lendemain midi, nous arrivions en Vendée. Le metteur en scène nous a repérés tout de suite et s'est dirigé vers nous. Ce coup-ci, il portait un béret rouge et un foulard de la même teinte, qui descendait sur son manteau gris. Il avançait en lançant ses mains vers le ciel et en agitant les bras comme des ailes. Je croyais voir Marcel, notre dindon, qui s'énerve quand on franchit la grille de la basse-cour.

– Par ici, je vous reconnais, vous êtes le propriétaire de Crok. Splendide, il est remar-

quable. Un peu têtu, mais Victor l'a en main.
– Dites-moi, à propos du...
– Le contrat ? C'est ça ? Il est prêt. Il ne manque que votre signature. Mais vous savez ce que c'est, le tournage, les acteurs, les vedettes... Non, vous ne savez pas, suis-je bête ! Mettez-vous dans un coin, je reviens vers vous dès que possible.

Pendant que mon père tentait de signer son contrat, j'étais parti à la recherche de Crack. Au loin, j'ai vu mon petit cheval, attaché à un arbre, la mine abattue et le poil terne. Je me suis mis à courir vers lui. Brusquement, avant que je n'arrive au patio, Victor est apparu, une cravache* à la main.
– Non ! J'ai hurlé.
Mais il ne m'a pas entendu.

Je l'ai vu, tout à coup, s'en prendre à mon Crack :

– Voilà ce que tu vas ramasser sur le coin de ta caboche si tu continues à désobéir. Tu sais t'allonger, alors tu vas le faire quand je te le demande !

J'ai enjambé la clôture et je me suis interposé :

– Stop ! Je vous interdis !

Je voyais rouge. Malgré mes biscottos à trois euros, je n'étais pas loin de corriger ce sale bonhomme.

– Vous n'êtes pas un vrai dresseur, j'ai dit. Vous êtes un boucher, c'est tout ! Vous arrivez, peut-être, à coucher un cheval, mais vous ne serez jamais son ami. Jamais ! Parce qu'on n'ouvre pas un cœur avec une baguette, mais avec des mots, des regards et des caresses !

J'ai détaché la longe de Crack et nous avons couru vers mon père. Eh oui, couru ! Je suis un piètre cavalier.

Chapitre 5

– Il faut… han… partir… han… tout de suite !
J'ai crié à mon père.

– Que se passe-t-il ? Reprends ton souffle.

– Il voulait frapper Crack. Le dresseur.

– Mais tu as peut-être mal vu ?

À ce moment, le réalisateur est arrivé, un chèque à la main.

– On dirait qu'il y a un petit malentendu. Heureusement, tout s'arrange. Allez, prenez l'argent et laissez-nous travailler.

J'ai supplié mon père du regard. Il est resté silencieux un long moment et Crack est

venu frotter son front dans son dos. Alors seulement, papa a accepté le chèque, a regardé le metteur en scène et lui a dit :
– Merci...
– De rien.
– ... mais je n'en veux pas !

– C'est impossible, vous avez...
– Signé ? Non, pas encore. Et je ne signerai pas. Allez, viens Gwen, on rentre.

Nous avons chargé Crack dans le van et repris la route sous l'œil mauvais du réalisateur.
– Tu avais raison papa, la chance, c'est peut-être que pour les autres. On ne sera jamais riche.
– Non, m'a répondu mon père, c'est toi qui

avais raison. On a la chance de former une belle famille. Et ça fait de nous les plus riches de la terre.

Fin

La collection

1

2

3

4

5

6

Retrouve Nolwenn sur son blog :
http://princessenolwenn.canalblog.com

ISBN 978-2-244-44236-5

www.editionslito.com

Lito
41, rue de Verdun 94500 Champigny-sur-Marne
Imprimé en UE
Loi n° 49-956 du 16 juillet 1949 sur les publications destinées à la jeunesse
Dépôt légal : septembre 2009

* Le lexique t'explique

les mots compliqués de Gwen

haras (p. 3) : établissement où sont sélectionnés et élevés des étalons et des juments pour la reproduction.

stalle (p. 3) : dans une écurie, compartiment fermé par des cloisons. C'est la chambre du cheval.

musculature (p. 4) : ensemble des muscles, comme par exemple les biceps. Les muscles permettent les mouvements.

posture (p. 13) : manière de poser, tenir le corps, la tête, les membres.

dresseur (p. 17) : personne qui éduque un animal, lui enseigne des façons d'agir.

cravache (p. 23) : baguette appelée aussi « stick » en dressage. On dit que c'est une « aide » pour mieux se faire comprendre. Il ne faut en aucun cas faire mal au cheval.